ERRES LOINTAINES

CRIMÉE-CHINE-SYRIE

AFRIQUE & MEXIQUE

POÉSIES

Par Pierre-Armand POUY

« Elle (la poésie) contribue à re-
» lever l'âme, trop facilement abat-
» tue par les soucis de tous les
» jours.
» SCHMIDT, professeur. »

NOTA. Extrait du *Bulletin de
l'Instruction primaire* (août 1854).

I. **Le Siége de Sébastopol** (poème).
II. **La Guerre chinoise** ou **Prise de Pékin ; Mort de
l'Amiral Protet** (vers sentencieux).
III. **Les Massacres de la Syrie** (cri de guerre).
IV. **L'Alliance** ou **Inkermann** (chanson guerrière).
V. **Les Héros de Laghouat** (chant militaire).
VI. **La Paix et l'Empereur** (strophes).
VII. **La France et le Prince impérial** (strophes).

TOULOUSE

IMPRIMERIE DE CAILLOL ET BAYLAC

—

1867

GUERRES LOINTAINES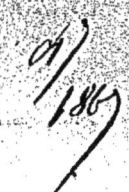

CRIMÉE-CHINE-SYRIE

AFRIQUE & MEXIQUE

POÉSIES

Par Pierre-Armand POUY

> « Elle (la poésie) contribue à relever l'âme, trop facilement abattue par les soucis de tous les jours.
> » SCHMIDT, professeur. »
>
> NOTA. Extrait du *Bulletin de l'Instruction primaire* (août 1854).

I. **Le Siége de Sébastopol** (poème).
II. **La Guerre chinoise** ou **Prise de Pékin ; Mort de l'Amiral Protet** (vers sentencieux).
III. **Les Massacres de la Syrie** (cri de guerre).
IV. **L'Alliance** ou **Inkermann** (chanson guerrière).
V. **Les Héros de Laghouat** (chant militaire).
VI. **La Paix et l'Empereur** (strophes).
VII. **La France et le Prince Impérial** (strophes).

TOULOUSE

IMPRIMERIE DE CAILLOL ET BAYLAC

—

1867

(Tous droits réservés)

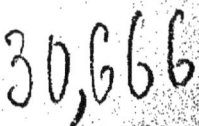

Paris, le 12 décembre 1855.

J'ai reçu, Monsieur, la pièce de vers que vous m'avez adressée avec votre lettre du 5 de ce mois; je vous prie d'agréer mes remerciments pour cet envoi.

. . . .

Recevez, Monsieur, l'assurance de ma parfaite considération.

Le Ministre Secrétaire d'Etat de la Guerre,
Pour le Ministre et par son ordre :
Le Conseiller d'Etat, Directeur,
PETITET.

Paris, le 20 mars 1856.

Monsieur,

M. le Ministre de l'Intérieur a reçu avec la lettre que vous lui avez adressée le 15 de ce mois, votre poème sur la prise de Sébastopol et votre brochure intitulée : la *Poésie*.

Son Excellence me charge de vous remercier de cet envoi.

Recevez, Monsieur, l'assurance de ma considération distinguée

Le Secrétaire du Ministre,
Albert BOUARD.

Paris, le 23 février 1856.

Monsieur, j'ai reçu votre poème sur le siége et la prise de Sébastopol, que vous avez bien voulu m'adresser. Je vous prie d'accepter, avec mes remerciments, l'assurance de ma considération très distinguée.

Le Ministre d'Etat et de la maison de l'Empereur,
Achille FOULD.

6e Corps d'armée, quartier général de Toulouse (le Maréchal commandant), le 14 septembre 1865.

A Monsieur Pouy *(Armand), instituteur public à Saint-Cricq, canton de Cologne (Gers).*

Je vous remercie des vers que vous avez bien voulu m'adresser sur le siége de Sébastopol, et je vous félicite sur les sentiments qui vous ont inspiré.

. . . .

Recevez, Monsieur, l'expression de ma considération distinguée

Maréchal NIEL.

AVERTISSEMENT DE L'AUTEUR

Les brillantes pensées étant l'apanage constant des grandes actions, alors donc que l'on serait en droit de vouer au ridicule l'ouvrage qui se parerait vainement d'un *haut-titre*, n'est-ce pas aussi un devoir de l'examiner avant tout jugement?

Et quoique des auteurs *connus* aient pu largement suffire à leur tâche, le progrès, en général, n'étant pas, d'ailleurs, contesté, ne saurait-il, dans ces cas, être permis d'aspirer au succès, même sur leurs propres traces?

Car, du reste, si la beauté physique a, d'un côté, ses distinctions parfaitement établies, le type individuel, néanmoins, exclut une ressemblance absolue : oh! qui voudrait, cependant, ici-bas, non sans quelque raison sans doute, n'avoir à revendiquer, dans ce sens, certains avantages personnels? Il doit en être positivement de même au sujet des beautés intellectuelles, et chacune possédant naturellement son cachet différent, elle aura évidemment encore ses agréments particuliers.

Et tout cas, la *simultanéité* des faits, notamment vis-àvis de deux actes tendant à s'identifier entr'eux, pouvant *seule*, à cet égard, produire l'harmonie désirable : à propos de la *guerre* surtout, que ce soit des *œuvres*, sur tous les points, ses plus vraies (*) comme ses plus dignes *contemporaines* !

(*) Cette poésie, ainsi que l'atteste *la date* des *lettres éminentes* qui la précèdent, ayant, pour ainsi dire, marché *pas à pas* avec les *évènements militaires* qu'elle tend à célébrer, doit nécessairement et d'autant plus, à ce titre, de pouvoir s'être mieux inspirée à leur égard.

GUERRES LOINTAINES

CRIMÉE – CHINE – SYRIE

AFRIQUE & MEXIQUE

LE SIÉGE DE SÉBASTOPOL

(POÈME)

« Couvrons du moins de fleurs ces tombes glorieuses,
« Arrachons à l'oubli ces ombres vertueuses.
« Vous qui lanciez la foudre et qu'ont frappé ses coups,
« Revivez dans nos chants quand vous mourrez pour nous »

« VOLTAIRE. »

Paris se réveillait d'une nuit féerique,
Et déjà son génie a filé ce jour d'or; (1)
Quand, jaloux de primer, le *mercure électrique*, (2)
Tel qu'un rêve apportait son plus riche trésor.
« Triomphe, » s'écriait cette voix fabuleuse,
Aussitôt la Patrie étale ses flambeaux,
Qui brillent pour la paix, lorsqu'elle est fructueuse,

(1) Allusion à l'expositon de 1855, à Paris.
(2) Le Télégraphe électrique.

Et qu'allume la guerre aux glorieux travaux :
« *Babel* vient d'expirer : un horizon de gloire
« Sourit à vos travaux, Hercules d'Occident,
« Et la fille du Ciel, l'éclatante Victoire,
« Couronne vos exploits au bout de l'Orient. »
Ainsi, par mille échos, la nouvelle annoncée
Comme un rapide éclair s'étendit en tous lieux ;
Et, prenant dans mes mains la trompette sacrée,
Ce cri doit s'élever au langage des Dieux !

Revenons à l'Alma : c'est la première étape,
Vainqueurs de Malakoff, c'est votre logement ;
C'est pourtant le Liban ou le mont de la Trappe :
C'est là que l'ennemi, retranché vous attend...
Mais, comme l'aquilon, dans ses beaux jours de fête,
Emporte dans les airs le feuillage gisant :
Tel, au bond allié, les Zouaves en tête,
Qui débordent d'un pas l'ardeur de Lord Raglan,
Tout s'émeut ou s'ébranle, et tout prend la panique...
Frémissez Canrobert, Napoléon, Bosquet !
Et Saint-Arnaud s'écrie : *ô mes chasseurs d'Afrique !*
Le Huland s'éclipsant, vous distance à regret.....
Admirons plus longtemps cette forte journée,
Où l'Aigle au maint trophée a repris son grand vol,
Où l'ère des succès fut dès lors consacrée :
Qui porta la terreur jusqu'à Sébastopol.....
O bouillant Poitevin ! lieutenant plein d'audace !
Vous vouliez donc ravir les gloires de ce jour ?
Vous vouliez à la mort rendre toute sa grâce ?
Vous avez tout cela ; plus que ça, par amour !
Du dépit d'un berger périt la fleur sauvage ;
Mais après son trépas commençant à faner
Et croupir dans le fond du plus vil marécage,

L'amant pur la recueille et lui donne un baiser !
Oui, sublime Héros, votre sort est le même :
La main qui vous frappa fut celle du vaincu
Sur vos restes mortels le zèle était extrême ;
Tout vous cède le pas, et chacun l'a voulu !

Volons à Inkermann, où la belle vaillance
Et le courage anglais se sont éternisés ;
Les clairons de Bosquet y scellent l'alliance,
Et sa mâle valeur emporte le succès !
Venez les Murillo, les Van-Dick, les Apelle,
Et de tous les pays ces maîtres du pinceau ;
Pour l'honneur de votre art !... le vainqueur vous appelle :
Il vous livre la clef du plus grave tableau !
Aux rayons argentés d'une lune brillante,
Considérez d'abord ce guerrier trépassé : (1)
Tous ses traits sont empreints d'une fureur bouillante ;
L'arme effleure ses mains, son corps semble animé !
Il promit à ses chefs, comme à sa noble dame,
Par un vœu solennel, de vaincre : or il périt ;
Si la fidélité fait estimer son âme,
Ce n'est que la valeur, ici, qui se survit !
Cet autre aux traits plus doux, à la mine aussi fière, (2)
Et qui conserve en tout la pose du vivant :
Lui-même avait promis, à son très vaillant père,
La victoire ou la mort : il fut vainqueur mourant !
Oh ! quel riche butin s'offre à votre palette,
Peintres de la pensée et d'un beau mouvement :
La foi dans l'action, une fin satisfaite !...
Vous leur créez la vie ? et la mort vous le rend !...

(1) Portrait d'un Russe.
(2) Portrait d'un Français.

Égoïste au cœur sec, et vous froide coquette,
Qui possédez le tact d'un plaisir raffiné :
Quand de la Parque, un jour, vous serez la conquête,
Offrirez-vous le don à la postérité ?...
L'homme heureux que la mort a saisi de son heure :
Examinez-le un peu sur son lit de douleur :
Lorsqu'il s'arrache enfin à sa douce demeure,
Il imprime, par fois, un sentiment d'horreur.
Mais suivez ces flambeaux : une épouse, une mère,
Une fille, une sœur, les cœurs nobles sont là ;
Soyez initiés donc à plus d'un mystère.
Nous nous retrouverons, juste à Balaclava !

Ces lieux sont les témoins d'une charge guerrière,
Dont les annales, sûr, n'offrent tel souvenir :
Un brave régiment (1) perce une armée entière,
N'ayant que ce chemin, lui seul pour revenir !
On a vu les Roland, les Bayard, les Turenne,
Beaucoup d'autres guerriers, tout comme eux renommés,
Battre des ennemis, tels qu'ici, la centaine ;
Mais ces cas, différant, furent plus isolés.
C'est là qu'un amateur, un amant de la gloire,
Par l'exemple entraîné, s'improvise soldat ;
Sur l'heure il fut héros, c'est une rare histoire,
Blessé grièvement, saisi sur son grabat.
Il expie en ce jour, prisonnier militaire,
Les essais périlleux de son vaste renom ;
Mais tout dédommagé par une gloire entière,
Telle que n'en donna jamais la fashion...
Accourez donc ici, disciples du Corrège ;
Apportez ces couleurs qui ne s'effaçent plus ;

(1) Un régiment de cavalerie.

Parez-en la vertu plus pure que la neige ;
Qui d'un vil intérêt rend les goûts superflus.
Donnez à la valeur ses attraits sur vos toiles,
Pour que l'être timide, effarouché des camps,
Apprenne à l'imiter, y secouant ses voiles,
Ainsi passe à la vie, au soleil des puissants !

Cependant sur la mer, implacable et houleuse,
S'agitent nos marins désireux du combat :
Si la rage du flot s'y montre dangereuse,
Cet empire est le leur sans nul autre débat.
Mais tel est dans ces cœurs l'amour vif de la gloire :
Qu'auxilliaires sûrs, au propre siége unis,
Chaque danger les voit, comme chaque victoire ;
Ils combattent partout : éléments, ennemis !.....
Du bout de l'Océan aux bords du fleuve Jaune,
Ces preux ont visité mille peuples divers,
Dont, en réunion, chaque histoire raisonne ;
Ils sont l'atlas vivant du plus vaste univers :
A Nankin !... Taïti !... (venez goûter leurs trêves),
Ils ont de quoi charmer jusqu'aux plus envieux ;
Leur aventure, à eux, flatte les plus beaux rêves,
Et satisfait les goûts vifs, lointains, curieux...
Peintres ! par leurs portraits, saisissez l'existence,
Se vouant au trépas avec la même ardeur
Que le Ciel en a mis à créer toute enfance ;
Pour que la fin des temps la montre avec honneur !
Grouppez sur un tableau, tels qu'ils sont sur la plage,
Le soldat de la terre avec celui des eaux ;
Sur leurs traits, qui sont tous le type du courage,
L'écueil du préjugé, de l'erreur les fléaux.
Gravez : Bruat, Penaud, Ulrich, Lyons, Cambridje,
La Mothe, Salles, Cler, Niel, Sol, de Mac-Mahon,

Et, quoique resserré, je dirai, sans litige,
Lihaut, la Marmora, Pélissier et Simpson !!!!!

Muse, quel mouvement? Le siége se resserre?
Dans l'espace on entend le terrible signal!
Serait-ce le moment de la suprême guerre?
Serait-ce donc l'instant de l'assaut général?
Oh! ce sera plutôt la cruelle sortie,
Ou le noir coup de main, dans ce dédale affreux;
Sans cesse réprimés, mais coûtant quelque vie,
Et qu'arrose toujours un sang si précieux.
Ainsi trouvent la mort *De Lournel*, *Lavarende*
Et tant d'autres soldats, eux aussi nobles cœurs;
Mais la postérité, faisant votre légende,
De la terre et des cieux vous passe les honneurs!
Quelqu'élan chaleureux? cela peut être encore;
S'ils classent leurs auteurs dans les plus courageux,
Le savoir des combats aujourd'hui les déplore :
Ployant sous des lauriers on semble malheureux!
Qui gravit Malakoff, le premier, a la palme!
Plus heureux que Moïse, il foula le terroir,
Qui promet aux humains avec la paix (1), le calme;
A d'autres cependant à le prendre, à l'avoir.....
Mais l'effet du canon, et s'étend et se presse,
L'horizon disparait, tout le ciel s'obscurit,
L'œil ne distingue plus qu'une fumée épaisse,
La lumière du jour se perd, s'évanouit...
Dès longtemps les oiseaux quittèrent ce rivage,

---

(1) N'est-ce pas avec raison que la paix, objet de tant de vœux et d'hommages, se trouve assimilée, ici, à tous les avantages de la Terre promise? Partant à la conquête de cette dernière, la conquête de Sébastopol.

Qui ne retentit plus que du bruit du canon :
Il y prime surtout sur la voix de l'orage;
Car, lui-même, l'écho, s'y perd et se confond...
Le cahos semble là : la nature est muette,
Le néant s'offre à tous; le courage seul vit;
Et la mort moissonnant, dans tout rang fait sa quête;
Le doute est dans les cœurs, l'anxiété dans l'esprit...
Alors de toutes parts, s'élève une lumière,
Indices éclatants de dévastation ;
De la défaite russe, aussi triste bannière;
Témoignage certain de sa défection ;
Et l'Aigle d'Austerlitz brille sur la tourelle,
Surmontant le sommet du fort dominateur,
Un formidable cri de victoire éternelle,
Dont palpitent les airs, dit : *Vive l'Empereur !*...

Le *sommeil* vers le camp, part d'une aile légère,
Entouré des beautés du céleste bercail ;
La Houri prend, dès lors, l'atour d'une bergère,
L'incarnat athénien, tous les traits du sérail.
Ce cortége enchanteur, s'effaçant dans l'espace,
Descendit lentement sur les pas de la nuit,
Dont le voile pudique et la discrète face,
Le firent arriver en mystère et sans bruit.
Épuisé par les soins permanents de la gloire,
Par l'ardeur du combat, des rêves belliqueux,
Adouci du contact, ami de la victoire,
Le guerrier s'abandonne aux songes gracieux.
O *sommeil* bienfaisant, qui nourris la pensée,
Lorsqu'elle a le repos dont jouissent les sens :
(Oui certes c'est d'un Dieu, quand la tête insensée
Nous ramène à la vie, à la joie, aux enfants)
Ah ! dis-nous qui combla cette forte nature ?

Est-ce l'or du Pérou? la Vénus de Siam?...
Le clocher ciselé?... Sa blanche dentelure!...
Le prestige des bois?... Les pruniers de son champ?...

Rarement l'ennemi se permit l'offensive :
Vaillamment contenu sous Eupatoria,
Cette témérité l'enchaînait à sa rive,
Près des bords escarpés de la Tchernaya...
Pourquoi perpétuer les scènes d'un courage,
Qui releva partout du *for-Napoléon*,
Et d'un esprit guerrier dominant sur chaque âge,
Dont l'éclat méritait la voix de *Fénelon?*...
Tressaillez de ferveur Murat, Néoptolème,
Qui sûtes allier la gloire à la beauté,
Dans vos limbes sacrés, par l'acolade même,
Le preux de la Crimée, a droit d'être honoré.
Quittez votre séant ombres de l'Elysée :
Comme un bois que parcourt la colère des vents,
Qu'un saint frémissement, jusqu'à tout l'Empyrée,
Vous saisisse au contact de ces nouveaux géants !
Du séjour des élus, considérez la *Terre*
Où s'accomplirent tous ces faits si glorieux ;
Aux héros mutilés dans cette *unique* guerre
Cédez, pour les vêtir, votre manteau des cieux.
A ce *chef* courageux, forçant le point extrême, (1)
Et volant à la mort comme on marche au bonheur
Votre pourpre et votre or, vos saphirs, diadème :
Car sa flamme eut *la gloire*, et sa foi *la valeur !*
De l'écharpe d'iris formez une auréole,
Où s'adapte avec goût, roses, plumes, rubis ;
Livrez cette parure au doux souffle d'Eole,

(1) Le général Mayran, tué au premier assaut de Malakoff.

Pour orner ce *guerrier* du *grand-camp* l'Adonis. (1)
Vous trouverez son corps recouvert de phalanges
De soldats dont sa voix allait toujours au cœur ;
Un mutuel trépas !... Eternelles louanges !...
Parez leur digne front d'une céleste fleur !

Non, les vers de *Boileau* ni la plume du *Tasse*,
N'eurent pour s'énoncer des sujets aussi beaux ;
Que ne puis-je à leur art dérober quelque grâce,
Pour offrir un *feuillage* aux *illustres tombeaux* !...
Or un calme profond succède à la tempête ;
Loin d'ici le Dieu *Mars* va bientôt s'exiler :
Revenez donc *bouvreuil* et vous tendre *fauvette* ;
Revenez pour pleurer ! Revenez pour chanter !
Lorsque le rude hiver désole la nature,
L'un donnera l'essor aux accents languissants,
Et quand le doux printemps étale sa parure,
L'autre offrira le ton des sons vifs, éclatants ;
Et tous, dans vos concerts à la gloire *Suprême*,
Dites aux voyageurs, brûlant de voir ces lieux :
Nous louons ces *guerriers* pour cette *terre-même*,
Mais nos hymnes d'amour les suivent jusqu'aux cieux !!

Honneur à l'Occident, que transforma la lutte ;
Que l'ardeur de ses fils fit appeler *Géant* :
Conjurant les rigueurs où le faible est en butte,
Aux lois des *chevaliers* consacrant tout son sang !...
La paix, en couronnant l'effort de la vaillance,
Impose à tout climat son rameau d'olivier ;
Et le ciel, plein d'amour, sourit à la clémence,
Qui dans l'humble prière a mis son bouclier !...

(1) Le général de Lourmel.

Du suaire la *Croix*, précieux corollaire,
Reluit de proche en proche aux rayons d'*Orient;*
De la Cape ou l'Epée, au trésor qu'elle enserre,
Le culte est en respect, aux vœux du vrai croyant!...
Le soleil terminant son parcours de l'*aurore*,
Peint sur l'*autre horizon* certains signes heureux,
Et sa course demain fera briller, éclore,
Chez cent peuples divers, mille concerts joyeux!!!

LA GUERRE CHINOISE

ou

PRISE DE PÉKIN, MORT DE L'AMIRAL PROTET

(Vers sentencieux)

> » Mais la déesse de Mémoire,
> « Favorable aux noms éclatants,
> » Soulève l'équitable histoire
> » Contre l'iniquité des temps.
>
> » ROUSSEAU. (*Ode.*) »

Si loin de ma *Patrie*
Qu'on n'en voit plus les cieux,
L'*hirondelle* chérie
Me dit : « Quoi, soucieux ?...
« Mon vulgaire ramage,
» Qui charma ton berceau,
» Célébrant ton voyage,
» Bénira ton tombeau !

» Je suis l'hôte fidèle
» De mille et mille lieux ;
» J'ai pour règle-modèle
» Un pur ordre des *dieux* :
» Rends ton âme joyeuse,
» Sois épris d'un ciel beau
» Et d'une terre heureuse ;
» Ton aile est ton vaisseau.

» Puisque l'amour m'inspire
» Peut-il te délaisser ?
» Près du *Céleste-Empire* (1)
» Ah ! viens te délasser ;
» Devant ce *mur-colosse* (2)
» Qui prête à réfléchir.....
» Avec la *Gaule-Ecosse* (3),
» Demain, cours le franchir !

» Toujours, sur cette *terre*
» (Ecoute mon avis),
» Suis les pas de la *Guerre*
» Et le pays conquis...
» Oh ! pour toi, ma tendresse,
» Contre un *tel ennemi* :
» Blâmant sa faim traitresse,
» Tu respectes mon *nid* (4).

» Sous *ses* serres cruelles
» Et son horrible *loi*,
» Des *Apôtres* fidèles
» Périrent pour *ta foi* !...
» Des torts, l'heure suprême,
» Je le lis sur tes traits,
» Te voit l'écho lui-même
» Des *souverains Décrets !* »

La *Croix*, ce lien des âmes,
Fut l'objet du courroux :

(1) L'empire chinois.
(2) Les murs d'enceinte de la Chine, étant d'une proportion énorme.
(3) L'alliance franco-anglaise.
(4) On connait l'usage des Chinois relativement aux nids d'hirondelles, qu'ils mangent.

Chez qui règlent les flammes
Des monuments jaloux (1),
S'exaltant l'égoïsme
Jusqu'à la cruauté,
S'opposa, ce cynisme,
A la *Divinité !* (2).

« Pour te guider en masse :
» Pars visiter *Pékin*,
» Où le peuple s'entasse :
» Pénètre au *Kiant-tsing !* (3)
» En voyageur utile,
» Compare la beauté ;
» Que le goût, ton mobile,
» Forme ta *Faculté*...

» Dans cette *Mer du monde*
» Vas baigner tes désirs :
» Qu'une raison profonde
» Préside à tes plaisirs ;
» Nageant à la surface,
» Ne plonge pas au flot... »
— *Dieu* marqua notre place,
A moins d'être suppôt ?...

« — Du *Mandarin*, superbe,
» Sois témoin de l'orgueil :

---

(1) La mutilation du pied chez les femmes, et les murs d'enceinte chinois révèlent leur grande jalousie.

(2) On connaît les persécutions et les martyrologes de la religion chrétienne dans l'empire chinois.

(3) Intérieur du Palais Impérial, dont la magnificence, au dire d'un ambassadeur Russe, surpasse toutes les beautés de ce genre.

» Quoique liant sa gerbe (1)
» Il tombe dans l'écueil!... »
— Oui la *vertu* progresse,
N'en déplaise aux méchants ;
Si tel ordre nous blesse,
Il nous laisse impuissants !...

« Sous l'éclat de la soie,
» Des brillants et de l'or
» Reste en la bonne voie
» Pour saisir ton trésor !... »
— Le vêtement frivole,
Et même le haillon,
N'ôtent pas une obole
Au prix d'un *pied-mignon* ! (2)

Au tact sur horoscope,
Des mœurs de tout pays,
La multiple enveloppe
Des *us*, ensevelis,
Les cache : or l'amour saine,
Qui n'est pas d'*Ottoman*,
Les classe et les enchaîne
Au type *Musulman*. (3)

« — Du vert, du bleu, du rose,
» Admire la splendeur,
» Aux lieux où fut éclose

---

(1) On a supposé ici, que puisque le Souverain, trace là lui-même, un sillon, son plus grand dignitaire pouvait lui-même lier une gerbe, toujours dans le même but, et pour honorer l'agriculture.

(2) Désignation de la femme de ce pays-là, par celle qui lui est la plus caractéristique évidemment.

(3) Assimilation des mœurs chinoises aux mœurs ottomanes.

» L'image à la couleur !... » (1)
— Autant l'homme prospère,
Sous l'œil du *Créateur*,
Autant il dégénère
Du mal venant fauteur.

« — Mais je vois l'*Oriflamme*,
» Rayonner dans les airs ;
» Là, la terre s'enflamme,
» Le bruit quitte les mers :
» Les échos du rivage,
» Sans cesse réveillés,
» Dans leur nouveau langage,
» Semblent émerveillés ! »

— Alors l'*oiseau céleste*,
Dressant son attirail,
Par un salut modeste,
Ouvrit son éventail.....
Le canon de la gloire
Fit entendre sa voix,
L'immuable victoire
Mit la Chine aux abois...

Les *Guerriers*, que rallie,
De l'*Alma*, le *Drapeau* ;
Dans cette *Gloire-Gaie*,
Forçant le *Péï-ho* ; (2)
Et vainqueurs du *Tartare*,
La terreur du *Mogol*,

---

(1) L'initiative des Chinois, dans la création des arts en général, peut bien leur faire attribuer, sans doute, dans un ouvrage de poésie, nominativement, l'invention de la couleur, alors surtout qu'ils ont excellé particulièrement, pour la beauté et pour l'éclat des étoffes

(2) Fleuve de la Chine.

Dans la *Cité si rare* (1)
Fêtent *Sébastopol!* (2)

Les *mille et une veilles*, (3)
Sont des pâles couleurs,
De toutes les merveilles
Qui s'offrent aux vainqueurs
Lui seul, l'*Etre suprême*
Sema *d'or précieux*,
Cette route, elle-même,
Qui leur valut les *Cieux!*

Des voûtes éclatantes,
Des murs étincelants,
Pavillons, riches tentes :
Palais éblouissants !
Le saphir l'émeraude,
Rubis et diamants,
Dans ces salons d'*Hérode*,
Vont droit aux *Conquérants!*

Des étoffes *Princières*,
Où l'art, s'évertuant,
Pâlit, par ses lumières
L'éclat du diamant !
Un vain *Nom* (4) les profane ;
La gloire ou la beauté
Fut un plus juste organe
De leur célébrité.

(1) Pékin.
(2) Les vainqueurs de Sébastopol étant les mêmes que ceux de Pékin.
(3) Les mille et une nuits.
(4) Le Souverain de la Chine se faisant par exclusion appeler *Fils du Ciel.*

D'une vertu l'emblême :
Jusqu'au chien japonais; (1)
Quêtant la voix qu'il aime
Au milieu des dangers...
Vous *amants de la gloire*,
Vos cœurs nobles l'ont dit :
Pour ternir la victoire
L'acte cruel suffit.....

Vous deviez, aux *Barbares*,
La plus haute leçon;
Mais il faut aux *Tartares*
Tant d'éclats de raison !
Ces trésors, qu'on dérobe
Aux regards favoris,
Sont intacts sous l'œil probe
De *Vainqueurs d'ennemis !*...

Lisant dans l'atmosphère :
Civilisation ;
Où, donc, sur notre sphère,
Mot en suspicion,
Trouva-t-il des colères
A honnir son *Saint nom* (2)!...
Aux devoirs solidaires
Lui seul donnant raison!...

Lorsque la *Terre entière*
S'épure au sens humain,
Qui, dans cette lumière,
Blessa le *Cœur-divin ?*

---

(1) Historique.
(2) La civilisation chrétienne.

A l'*Esprit en ténèbres*(1)
Laissent ces remords-là ;
Malgré ses *murs célèbres*
Le *Ciel* le jugera !

O *Vous* (2) que favorise
L'*Eternelle-équité*,
Votre juste *devise*
Fait votre *autorité !...*
Le cri de vos *victoires*
Se perdant dans les airs,
Pour entendre vos *gloires*,
Ecoutons l'*Univers !*

Et toi, source sublime,
Muse, viens m'étayer,
Sur les pas de l'abîme,
Pour cueillir un *laurier !...*
Si la raison fut juste,
Où ma voix s'éleva,
D'une critique injuste
Ce fait triomphera.

Ici, la *renommée*
A placé ses cent voix,
Sur la bouche, animée,
Des *Preux* dans ces exploits ;
A ces *âmes illustres*,
Dont les faits curieux

---

(1) Cette épithète désigne exactement l'esprit chinois, qui brilla, dès l'origine des siècles, de tant d'éclat, et qui par des actes récents qui motivèrent la présente guerre, s'est placée au rang de ceux qui sont plongés dans les ténèbres de la barbarie.

(2) LL. MM. les Souverains alliés de la France et de l'Angleterre.

Cachés par tant de *lustres*.
Par là prodigieux !...

O trompette ! o ma lyre !
Fallait-il vous poser
Quand la *vaillance* expire,
Se créant un danger?
Quand *Naïade* et *Bergère*,
Aux semblables douleurs,
Couvrent l'*Onde* et la *Terre*
De leurs cris, de leurs pleurs?

Quand *Neptune* et *Mars*, mêmes,
Touchés de tant d'ardeur,
Déposent leurs emblêmes
Sur un *Grand Serviteur*?... (1)
Sanghaï, l'innombrable, (2)
En révérant ses traits.
Se rendra formidable
De puissance et d'attraits !

Le *Savant*, le *Touriste*,
Par un commun réveil.
Iront, comme l'*Artiste*,
Vers ce nouveau *Soleil* ;
Et, de la *Terre-entière*,
Le cercle gravitant
Bénira la lumière
De cet *Astre brillant!*

(1) L'amiral français Protet, tué à l'Assaut de Naklo (fort chinois) (contre les rebelles chinois) le 17 Mai 1862.

(2) Ville chinoise de 3,000,000 d'habitants, qui doit élever, à la mémoire de l'*Amiral*, une statue monumentale.

Arrachant aux ténèbres
Les esprits indolents :
Montrant des *arts* célèbres
Les premiers monuments !
Rappelant au génie
Son antique beauté ;
Chassant la barbarie
Par des flots de clarté !...

Le burin de l'*Histoire*,
En lettres d'or gravait :
L'objet de tant de gloire
Fut l'*Amiral Protet* !...
Des lauriers de la *Terre*,
Rehaussant ceux des *Mers*,
Il couronna la *Guerre*.
Héros de l'Univers !

LES MASSACRES DE LA SYRIE

(CRI DE GUERRE)

« Et lions au combat, ils meurent en agneaux... »

Martyr de la Syrie,
Aperçois ton vengeur ;
De la *Chevalerie*
Il est le *bras*, le *cœur* :
Comme l'éclair rapide
Qui sut franchir les mers,
Pour punir le perfide
Et frapper le pervers !

L'amant fidèle de la gloire,
L'ami constant de la victoire,
C'est le *Guerrier* couvert d'honneur,
C'est le *soldat Français*, sans peur
A la voix de *Notre Empereur* !

Vierge pure et flétrie,
Où sont vos ravisseurs ?
Le sang de l'infamie
Va laver vos malheurs !...
Victime désolée,
Vos cris sont entendus ;
Sur la *Terre éplorée*,
Qui dira vos vertus ?

L'amant fidèle de la gloire, etc. etc.

Tel qu'une lave affreuse,
Echappée au *Liban*,
L'*Etre* à la soif hideuse
S'attache au plus pur sang ;
Dans l'excès de sa rage
Qui pourra l'arrêter,
Sinon le vrai courage
Du noble *Ab-el-Kader !*

L'amant fidèle de la gloire, etc. etc.

Quand le *Dieu* des batailles,
Même au sein des fureurs,
Fait gémir les entrailles
Et palpiter les cœurs !...
A la *Horde* cruelle,
Foulant les lois d'amour
Et la voix naturelle,
Qui doit ravir le jour ?

L'amant fidèle de la gloire, etc. etc.

Non, non, la foi *chrétienne*,
Ni d'un cas isolé,
Ni par la mort *Syrienne*,
N'eut son culte ébranlé ?...
De sa douleur publique
Modérant les accents,
Sur la *Terre-Biblique*
Qui lui rendra ses chants ?

L'amant fidèle de la gloire, etc.

Si le *Ciel* parle aux âmes,
Dans ce regret gravé
Goûtant surtout les flammes

Du cœur tout dévoué :
Qui peut pour sa clémence,
Inéffable douceur,
Sa juste bienveillance,
Eternelle candeur ?

L'amant fidèle de la gloire,
L'ami constant de la victoire :
C'est le *Guerrier* couvert d'honneur,
C'est le *Soldat français*, sans peur.
Et la voix de *notre Empereur !*

ADIEUX DANS PUEBLA

Un preux *soldat*, sur le bord d'une tombe,
Prêt à quitter le rivage lointain,
A son ami, mutilé par la bombe,
Disait ainsi, sur le sol *mexicain* :
« De tes hauts faits quand l'univers résonne,
» Et de ta voix, l'écho du monde entier,
» Tu peux, ici, ton nom sur la *Colonne*, } *bis.*
» Dormir en paix sous le plus vert laurier !

» Je dois partir, et bientôt ta *fiancée*
» Recueillera ton suprême soupir !
» Tout meurt, *ami*, mais la noble pensée,
» Seule, a l'accès de l'*éternel plaisir* !...
» Je lui dirai que ta flamme était pure,
» Don que la gloire a seule partagé ;
» Du bout du monde, en bravant la nature, } *bis.*
» Ce bien vola jusqu'à l'*Eternité !*

» A ton vieux *père*, à l'austère figure,
» Je remettrai ton brevet d'*officier* :
» S'il pleure, ami, ce sera, je le jure,
» Autant d'orgueil que de tendre amitié :
» En lui montrant *Sébastopol*, l'*Afrique*,
» Où ta valeur posait au premier rang,
» *Pékin*, *Hué*, le *Japon*, le *Mexique*, } *bis.*
» Je porterai le calme dans son sang !

» Auprès du lit de ta *mère* souffrante,
» Je décrirai ton sourire divin ;
» Et cette larme et rapide et brillante
» Que ton regard déposa dans mon sein...
» Je lui rendrai pure autant que fidèle,
» Car ce devoir m'est dicté par l'honneur ;
» Ce fut l'unique et qu'on versa pour *elle*, } *bis.*
» Ce cas mettra le baume dans son cœur !

» Non, ce surcroît de pompes *mexicaines*,
» Tribut flatteur qui nous vient de vaincus,
» Ni tout l'éclat de leurs grâces mondaines
» N'égalent pas un seul bien des *élus ;*
» Si le cœur bat, *ami*, pour la *patrie*,
» Objet fidèle et constant de nos vœux ;
» Avant l'amour pour sa *terre* chérie, } *bis.*
» Chez le *héros*, c'est son amour des *cieux !*

» Adieu, *Puebla !* adieu, cher *camarade !*
» Vouant mes jours aux fiers travaux de *Mars*,
» Si je les perds devant quelque *peuplade*,
» Au prompt revoir !... Encore adieu, je pars !
» Mais si le *ciel*, rendant la *parque* humaine,
» Veut que ce soit par la main de *guerriers*,
» De l'amitié bénissant donc la chaîne, } *bis.*
» Nous nous verrons dans le bois des *lauriers !!*

L'ALLIANCE OU INKERMANN

(CHANSON GUERRIÈRE)

Quand *de Lourmel* verse son sang
Pour son *pays*, pour sa *patrie*,
Autant que par l'âme ravie,   } *bis.*
L'on voit le *ciel* pour un tel rang.

Redites-les, échos de la *Crimée*,
Et ces hauts faits et ces nobles élans ;
En subjuguant notre avide pensée,
Eternisez les plus beaux sentiments !
Ah ! si le chant de la fauvette
Sut charmer nos calmes vallons,   } *bis.*
Enivrez-les de la trompette,
De vos tambours, de vos canons.

Hourrah ! Hourrah ! criait l'*Anglais*,
Et *Bosquet,* comme une tempête,
Sur les *Russes,* forçant leur tête,   } *bis.*
Fit éclater l'élan *français !*
   Redites-les, etc., etc.

Jour d'*Inkermann,* où du *vainqueur*
Huit généraux jonchent la terre :

Sept sont à la fière *Angleterre :*
Vit-on jamais plus de valeur ! } *bis.*

   Redites-les, etc., etc.

Francs *alliés*, dans l'*univers*,
Ce jour, pour vous, riche de gloire,
Vous porte au *temple de Mémoire*,
Sur *terre* ainsi que sur les *mers !* } *bis.*

   Redites-les, etc., etc.

O, surpassant l'*antiquité*,
Chefs valeureux, *guides* sublimes,
Vous bravez la mort, les abîmes
Et pratiquez l'humanité ! } *bis.*

   Redites-les, etc.. etc.

Si la guerre vous illustra,
Vaillants *soldats,* preux *capitaines,*
Par vos prouesses surhumaines,
La juste paix vous comblera. } *bis.*

   Redites-les, etc., etc.

LES HÉROS DE LAGHOUAT

(Chant Militaire-Religieux)

Où sont vos noms, les *martyrs de la gloire*,
Où sont vos noms, qu'on ne peut oublier ?...
Sur la *Colonne*, impérissable *histoire*,
En lettres d'or, on les voit tous briller !

> Pleurons en chœur, enfants de *France*,
> Pleurons sur leur joie ici-bas ;
> Mais en exaltant à l'outrance   ⎫
> Leur gloire exempte du trépas !   ⎬ *bis.*

Loin des douceurs de la *mère-patrie*,
Cédant, sans frein, aux feux de la valeur ;
Au sein des monts et de la *Kabylie*,
Vous êtes morts pour la *France et l'honneur* !

> Pleurons en chœur, etc., etc.

Déjà vos traits, ravis à la poussière,
Ont pénétré l'âme de l'*Empereur* ;
Et recueillis dans l'éclatante *bière*,
Y sont lavés des larmes de son cœur !

> Pleurons en chœur, etc., etc.

A *Laghouat,* le hardi point rebelle,
Où fut honni, maudit le nom *français,*
Où pullula l'arme traître, infidèle,
Vivront toujours vos glorieux hauts faits !

    Pleurons en chœur, etc., etc.

Les yeux fixés sur la triple auréole
De *Bouscarains,* déjà *preux,* vers l'Atlas,
Frappé *héros,* saisi d'un premier rôle,
Expirant *saint,* sous le fer docte, hélas !

    Pleurons en chœur, etc., etc.

Vierges du Christ, qui priez sur la *terre,*
Priez surtout pour ces braves *Français :*
Fils des *Croisés,* c'est à la même guerre,
Ceints de lauriers, que leurs fronts sont tombés

    Pleurons en chœur, etc., etc.

LA PAIX ET L'EMPEREUR

> « Il cherche à rendre heureux jusqu'à ses ennemis ;
> » Tout est par ses travaux dans une paix profonde,
> » Et ce n'est plus à Mars qu'il peut être permis
> » De troubler le repos du monde... »
>
> (Ballet du *Triomphe de l'Amour*.)

Entendez ce long cri qui sillonne la *France !*
Cri d'espoir, cri d'amour, respirant le bonheur :
C'est le peuple jaloux de donner sa puissance
Au *Prince* ayant uni *la paix et l'Empereur !*

Retentis du *vivat*, ô toi l'antique *Gaule !*
Tes *preux*, tes *magistrats*, l'*artiste*, un *laboureur*,
Chacun a pu goûter et voir à tour de rôle,
Dans le plus bel éclat, *la paix et l'Empereur !*

Le garçon, la beauté, l'homme mûr, l'âge tendre,
Oui, tous ont recueilli *le salut protecteur !*
Leur admiration sûrement dut comprendre
Avec leur vif amour *la paix et l'Empereur !*

Autour d'un frais bouquet, cent *vierges* réunies
Offrent ce vrai trésor, leurs voix pures en chœur ;
Et joignant à ce don deux colombes unies,
Leur offrande en saisit *la paix et l'Empereur !*

Regardez, souriant au fond de sa chaumière,
Ce *vieillard* mutilé par les ans, le labeur !
Il goûte avec douceur le pain de la prière,
Depuis qu'il entrevit *la paix et l'Empereur !*

Et *le prêtre chrétien*, sous sa chaste auréole,
Plongeant au flot humain, lui pieux correcteur,
Par un saint enthousiasme, il marche, il court, il vole,
Il acclame à son tour *la paix et l'Empereur !*

Le bronze, dépouillant sa face meurtrière,
Pour la guerre, en ce jour, témoigne de l'horreur
Et signale bien haut la puissance guerrière,
Protégeant de sa voix *la paix et l'Empereur !*

Et, hautbois transformé, le clairon des batailles,
Choisit, pour ses accents, un rhythme doux, flatteur ;
Le peuple, ému, ravi, touché jusqu'aux entr'ailles,
Met dans son cœur, sa voix, *la paix et l'Empereur !*

Au railway, aux canaux, sur le mer redoutable,
Mille peuples mêlés, rendus à la douceur,
Donnant à l'industrie un essor formidable,
Diront vive à jamais *la paix et l'Empereur !*

Le commerce et les arts, par un puissant ensemble,
Franchiront tous les pas du lointain voyageur ;
Les nations en chœur et l'univers ensemble
Béniront jusqu'aux cieux *la paix et l'Empereur !*

La distance, l'ennui, l'absence ou solitude,
Sur le réseau de fer tout fuit, par la vapeur,
Aux deux bouts du pays, jamais on ne s'élude
Pour fêter en concert *la paix et l'Empereur !*

Nos mœurs de l'*Africain* poliront les usages :

Il verra son ami sous les traits du vainqueur ;
Et, bannissant du sol tous les instincts sauvages,
Régner, jusqu'à l'*Atlas, la paix et l'Empereur !*

Oui, l'hymen a comblé nos gloires éclatantes,
L'*Ange* a favorisé des liens pleins de candeur !
Sous les *célestes* traits, grâce et vertu brillantes
Epousent, devant *Dieu, la paix et l'Empereur !*

Quel flambeau, justes *cieux*, dirait l'aréopage,
De *l'esprit ferme et droit qui nous guide au bonheur,*
Qui de chaque mortel doit faire un être sage :
Qu'en lui soient donc sacrés *la paix et l'Empereur !*

Et, le luth à la main, contemplant *sa patrie,*
Le *poète* admirait, pénétré jusqu'au cœur :
Il invoquait le *ciel* et sa *muse* chérie
Pour chanter dignement *la paix et l'Empereur*

LA FRANCE ET LE PRINCE IMPÉRIAL

(STROPHES)

Le printemps renaissait : or, la bonté divine
Versait sur les humains son baume universel ;
Les oiseaux gazouillaient, et sur chaque ravine
Préludait, simple et grand, le concert éternel !...
Mars lui-même, affecté de la valeur guerrière,
Promettait d'adoucir son abord martial :
Ah ! dans *la France*, alors, s'offrit à la lumière,
Pour tout réaliser, *le Prince Impérial* !

La *paix*, en exaltant la vertu militaire,
Imprime à l'industrie un essor précieux ;
Elle va ramener le *soldat* sur son aire,
Où s'épanouiront ses signes glorieux !
Pour jouir de ses biens, sans doute la première,
La France, en même temps, par don spécial,
Avec sa large part dans la moisson guerrière,
A vu naître en son sein le *Prince Impérial* !

Quand la *Divinité*, sous un voile modeste,
Dans un vaste rayon, partout vous soulagea,
Goûtez avec ferveur cette douceur céleste,
Peuples que le destin ou la guerre froissa !...
La générosité, vertu des magnanimes,
Procédant du sommet, pour un droit filial :

En *France*, pour s'aider, désormais unanimes,
Qu'il vous inspire à tous *le Prince Impérial!*

Lorsque le *ciel* convie avec cette tendresse,
Qu'au bout de l'*univers* va son expression ;
Quand le *monde* déjà se livre à l'allégresse :
Car le bienfait s'étend à chaque nation !
Sans nul doute, *la France*, oh ! privilégiée,
Par un hymne d'amour, pieux, primordial,
Dans sa reconnaissance, émue, édifiée,
Recommande au *Très-Haut le Prince Impérial!*

Rendez-vous près d'un bois, quand la floraison perce,
Du chemin qu'oriente un ravissant cours d'eau,
En bordant la prairie où la brise vous berce ;
Si le temps veut charmer et la voix de l'oiseau :
Des grâces c'est l'instant, l'heure de la prière,
De cordiale paix, le jour initial ;
Lorsque *la France* fut heureuse, calme et fière :
Sous ce prisme honorez *le Prince Impérial!*

Chante donc, *troubadour*, prends ta lyre joyeuse,
Ressuscite aujourd'hui le couplet des hameaux ;
Sous ton ciel des plus doux, rends la *bergère* heureuse :
Formulant ses accents en l'honneur des *héros!*...
La paix, comme un trésor, surgissant dans *la France* :
Revêts, à cet égard, le ton gai, jovial,
Sans cesser de bénir, louer la *Providence* ;
Rattachant au bonheur *le Prince Impérial!*

ROME ET L'ART AVEC LA FRANCE

(Cantate en écho)

Rome antique, ô céleste *Rome*,
Semblable à l'*Astre éblouissant*
A ton aspect le cœur se nomme,
Laisse éclater esprit, talent.

Sous ton regard la timide *Bergère*, (1)
Paraît son front à la voute des cieux ;
Jusqu'au tact sur, mais pesant de la terre,
Elle conquit le noble rang des *dieux*
    Le noble rang des Dieux !

Toujours, sur la *Terre-héroïque*, (2)
S'allia le grand souvenir
De sa *Croyance* ferme, antique,
Au salut de son avenir.

Par tes vertus, le ciel se voile
Sans ternir ton éclat puissant :
Aussitôt l'*immortelle toile*
A dit l'exploit le plus brillant.

De ce *Guerrier* mutilé dans la *Chine*
Et du *Héros* expirant à *Puebla*
De *Molakoff*, *Nokio* (Cochinchine),
Jusques aux *Cieux*, l'action revivra :
    L'action revivra !

L'esprit, les arts : voici la *France ;*
Livrant au monde ses *Lauriers*,
Par les bienfaits de sa clémence,
Par la vertu de ses *Guerriers*.

De la belle et tendre *nature*,
Tu nous offres l'attrait piquant,
Par son image la plus pure,
Tu rends son *titre* plus riant.

(1) Jeanne d'Arc.
(2) La France.

A la *Vénus* tu donnas tant de types
Sans altérer notre hommage profond,
Qu'à l'art vraiment s'unissent nos mérites
Et les instincts de la grave raison.
De la grave raison.

    Des qualités *chevaleresques*,
    Le *Français* possède le ton,
    Et ses mœurs douces et modestes
    En relèvent encor le don.

    De la *Fleur* fraîchement éclose
    Tu nous fais respirer l'odeur,
    Et par les couleurs de *la Rose*
    Tu primas *la plus belle fleur.*

Présente alors tes *Bouquets* à l'*Armée*,
Au *Bon-Pasteur*, *Vierges* et *chastes sœurs*
Le tendre oiseau, dans sa douce ramée,
Te bénira par mille et mille chœurs,
    Par mille et mille chœurs!

    L'oiseau, la fleur, l'air, la verdure,
    Forment les beautés du *printemps*;
    La foi, la paix, l'art, la nature,
    Du *mortel* font les doux instants.

    Heureux Français j'entends ta lyre,
    Faisant pâlir l'écho des bois,
    Lorsqu'elle redit, de l'*Empire*,
    Les grands, les immortels exploits.

Mais quand, parfois, joyeuse, enchanteresse,
Elle revêt le ton vif des chansons,
Sur elle fait tressaillir d'allégresse
Les prés, les bois, les monts et les vallons,
    Les monts et les vallons!

    Gloire à *ce chœur* qui sympathise
    Dans les *Palais*, dans les *Châteaux*,
    Et qui, jusqu'au sein de l'*Église*,
    Fait retentir tous les échos.

www.ingramcontent.com/pod-product-compliance
Lightning Source LLC
Chambersburg PA
CBHW060510050426
42451CB00009B/904